글 김곰

글을 쓴 김곰 선생님은 사회학을 공부했어요. 잡지사 기자로 활동하면서 다양한 많은 사람들을 만나고 인터뷰 기사를 써 왔습니다. 또 그림과 영화 등에 대한 글과 어린이를 위한 글과 책도 썼고요. 지금은 대학원에서 문화연구를 공부하고 칼럼을 쓰며 살고 있습니다. 어린이를 위해 쓴 책으로 『개울에 백로가 왔어요』 『총총총 별이 빛나는 밤에』 등이 있습니다.

그림 김소영

그림을 그린 김소영 선생님은 대학에서 영상영화를 공부했습니다. 카메라에 사람들의 이야기를 담은 영상을 만들고 그림책과 만화책 보기를 좋아합니다. 물론 그림을 보는 것보다는 그리는 것을 더 좋아하지요. 그동안 그린 책으로 『내 몸은 내가 지켜!』 『찰떡 콩떡 수수께끼 떡』이 있습니다.

식탁에서 약국까지 설탕 따라 역사 여행

2014년 3월 1일 제1판 제1쇄 발행
2025년 12월 30일 제1판 제6쇄 발행

지은이 김곰
그린이 김소영
펴낸이 김상미, 이재민

편집 김세희
디자인 달뜸창작실

펴낸곳 너머학교
주소 서울시 종로구 누하동 17번지 2층
전화 02)336-5131, 335-3366, 팩스 02)335-5848
등록번호 제313-2009-234호

ⓒ 김곰, 김소영 2014
이 책의 저작권은 저자에게 있습니다.
저자와 출판사의 허락 없이 내용의 일부를 인용하거나 전재하는 것을 금합니다.
ISBN 978-89-94407-22-7 74900
ISBN 978-89-94407-33-3(세트)

너머북스와 너머학교는 좋은 서가와 학교를 꿈꾸는 출판사입니다.

식탁에서 약국까지

설탕따라 역사여행

글 김곰 | 그림 김소영

너머학교

초콜릿, 쿠키, 케이크, 사탕, 아이스크림……. 와, 맛있는 간식이 한가득 여기 있네! 보기만 해도 군침이 도는 이 강렬한 끌림은 무엇 때문일까? 바로 단맛의 여왕 설탕 때문이란다. 설탕은 음식에 들어가면 아주 놀라운 요술을 부리지. 쓰거나 짜거나 매운 맛도 설탕이 들어가면 먹기 좋게 탈바꿈해. 또 옛날에는 설탕이 아픈 사람을 고치는 약으로도 쓰였고, 부자와 높은 사람만 맛볼 수 있는 음식이기도 했단다.
설탕이 품고 있는 다양한 비밀 속으로 들어가 볼까?

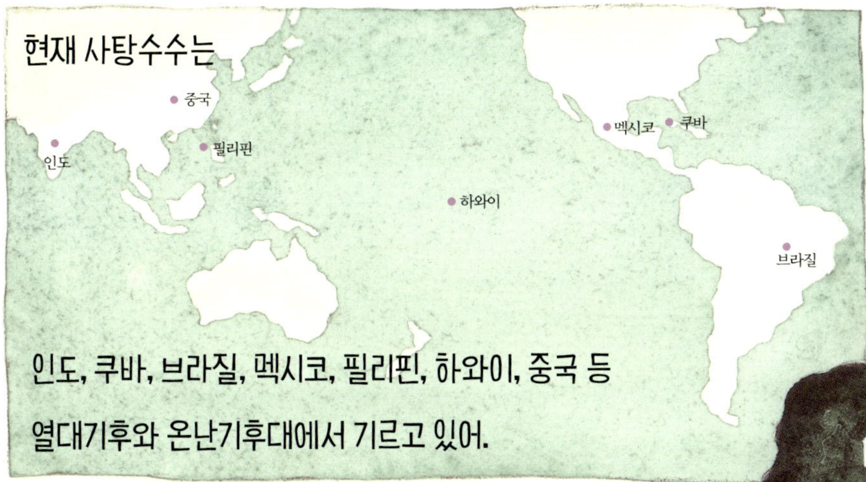

현재 사탕수수는

인도, 쿠바, 브라질, 멕시코, 필리핀, 하와이, 중국 등
열대기후와 온난기후대에서 기르고 있어.

사탕무로도 설탕을 만들 수 있어. 가축 사료로 쓰이던 사탕무에도 당분이 있거든. 한때
사탕무로 설탕을 많이 만들었지만 설탕의 꽃은 역시 사탕수수라고 할 수 있지.

사탕수수로 설탕을 만들면 당밀과 버개스라는 찌꺼기가 남아.
탄수화물이 많이 들어 있는 당밀은 가축사료로 쓰여. 또 당밀로 만든 에탄올은
약품, 화장품, 식초 등을 만드는 데 쓰인단다. 당밀을 발효시키면 '럼'이라는
카리브 해의 대표적인 술이 된단다. 버개스는 연료로 쓰이지.

지금과 달리 기계가 없던 시절엔
주로 사람의 힘으로 설탕을 만들었어.

사탕수수는 줄기가 딱딱하기 때문에 먼저 껍질을 벗겨내야 해.

그 줄기를 짓이기면 즙이 나와.

줄기에서 나온 즙을 가마솥에 넣고 끓이고, 끓는 즙에 석회가루를 넣고 잘 저으면서 계속 끓여.

이때 색깔은 거의 검은색이라 흑사탕이라고도 하고 원당이라고도 해.

흑사탕을 여러 번 걸러 내고 완전히 식혀서 잘게 부수면 하얀 설탕이 돼.

중요한 것은 이 과정들이 아주 빠르게 이루어져야 한다는 거야.

처음으로 설탕을 만든 건 인도 사람들이라고 알려져 있어.
유럽인 가운데 처음 설탕을 본 사람은 기원전 4세기쯤 인도에 갔던
알렉산더 대왕의 병사들이야. 이들은 인도 사람들이 설탕을 먹는 것을 보고 아주 놀라서
"벌도 없는데 벌꿀을 만든다."라고 했다지.

설탕이 없던 시절, 옛날 사람들은 단맛을 전혀 몰랐을까? 그렇지는 않아. 그들은 천연 식품들을 이용해 단맛을 즐겼어. 대표적인 건 사과, 포도, 파인애플 등과 같은 과일들이야. 야자나무 열매 즙을 짜서 먹기도 했고, 아몬드나 호두 같은 견과류로도 단맛을 찾아 즐겼단다. 그중 가장 좋아했던 천연감미료는 바로 꿀이야. 한편 중국에서도 설탕을 만들기는 했지만 동아시아 사람들은 주로 보리나 쌀로 달콤한 '조청'을 만들어 먹었지.

인도와 가까운 아라비아 반도에 살고 있었던 이슬람교도들은
설탕을 유럽인들보다 빨리 알았어.

'이슬람교'를 세계에 알리고자 했던 이슬람교도들이 세력을 넓히면서 코란과 함께 여러 가지 물건들을 유럽에 전했어.

이러한 과정에서 설탕이 점차 유럽에 알려졌지만,

더 널리 알려진 계기는 유럽과 이슬람 나라들이 싸운 십자군 전쟁 때문이야.

1148년 2차 십자군 원정을 다녀온 사람이 유럽으로 설탕을 가져온 거야.

유럽인들은 설탕을 보자마자 한눈에 반했어.

엄청나게 강렬한 단맛과 하얀 빛깔은 꿀맛조차 잊게 만들었지.

설탕은 점차 알려졌지만 너무 귀해서 약국에서 팔 정도였어.

실제로 무시무시한 흑사병이 돌 때 약으로 쓰이기도 했었지.

설탕 덕분에 유럽의 음식이 점점 다양하게 바뀌었어.

설탕은 고기와 만나면 비릿한 맛을 없애 주기도 하고,

빵 반죽에 넣으면 빵을 부풀어 오르게 하면서 맛을 살려 주지.

뿐만 아니라 음식의 맛과 향을 오랫동안 지속시켜 주는

보존료 역할도 했어.

'마멀레이드'는 설탕과 과일이 만나 탄생한 대표적인 음식이야.
마멀레이드는 보통 오렌지를 얇게 저미거나 잘게 썰어서
부드러워질 때까지 설탕과 함께 끓여서 만들지.
맛과 형태가 잼과 거의 비슷해서 '껍질이 있는
잼'이라 부르기도 해.
십자군 전쟁 때 음식도 많이 주고받았지.
3차 십자군 원정에서 영국의 리처드 1세가
이슬람 지도자 살라딘을 물리쳤어.
살라딘은 화해의 의미로 리처드 1세에게
과일 맛이 나는 음식을 주었어. 이 음식을
'차르벳'이라 불렀는데, 여름에 즐기는
'셔벗'이 바로 이 음식이란다.

그로부터 백여 년 뒤, 영국 사람들이 홍차에 설탕을 넣어 마시기 시작했어.

처음엔 설탕이 신분의 상징이었기 때문이었어. 뜨겁고 달콤한 홍차가 영국인들의 식단과 날씨와 잘 어울렸기 때문이기도 했고. 그러다가 점차 가난한 사람들까지 홍차에 설탕을 넣어 마시고, 설탕만 먹기도 했단다.

더 나아가 홍차, 커피 등 설탕과 단짝인 음식들은 영국을 중심으로 유럽 각국에 '커피하우스 문화'를 만들어 냈어. 커피하우스는 커피와 홍차, 초콜릿 같은 유럽 밖에서 수입된 음료들을 파는 곳이야. 커피하우스는 대화도 나누고, 공부도 하고, 정보를 주고받을 수 있는 학교이자, 만남의 장소였어. 설탕이 유럽의 식탁과 만남의 중심이 될 수 있었던 건 멀리 아메리카에서 벌어진 일들 때문이지.

설탕이 대량 생산되고, 널리 퍼져나간 것은 콜럼버스와 관련이 깊어.

1492년 에스파냐를 떠나 항해를 하다가 아프리카 북쪽 카나리아 제도에서 사탕수수를 발견했지. 이듬해 콜럼버스는 그 사탕수수를 카리브 해의 아이티 섬에 심게 했어. 곧 카리브 해 섬 전체가 사탕수수밭이 되었지.

그런데 설탕을 만들기 위해서는 엄청나게 많은 노동력이 필요해. 처음에는 그 섬의 원주민들에게 강제로 일을 시켰지. 그러다 그들이 고된 노동으로 병에 걸리자 일할 사람들이 필요해졌어.

플랜테이션이란 넓은 땅에 주로 한 가지 작물을 팔기 위해 재배하는 것을 말해. 사탕수수, 고무, 차, 커피, 카카오, 사탕수수, 바나나, 담배 등을 키우는데 서양인이 자본과 기술을 제공하고, 원주민이나 노예, 이주 노동자들이 일을 하지. 원주민들은 일도 힘들지만, 자신들이 먹고살 작물을 재배할 수 없어서 삶이 더욱 힘들어져. 플랜테이션 안에는 주인의 대저택과 노예들의 보잘것없는 집이 같이 있었어.

유럽인들은 설탕을 만들기 위해 아프리카 사람들을 데려왔어.
유럽인들은 자기 나라에서 생산한 면직물, 무기 등을 아프리카에 팔고,
노예 사냥꾼에게 사람들을 잡아오게 해 아메리카로 끌고 왔어.
그리고 이들이 생산한 설탕을 유럽에 다시 팔았지.

갑자기 노예가 된 아프리카 사람들은 배에 태워졌는데, 환경이 너무 안 좋아서 죽거나 자살하는 경우도 많았대. 아메리카-유럽-아프리카 세 대륙을 잇는 이 노예 무역과 설탕 무역을 '삼각 무역'이라고 해. 이를 통해 유럽은 엄청난 돈을 벌었지. 당시 노예들은 '검은 화물'이라고 불렸고, 설탕은 '흰 화물'이라고 불렸어. 사람이 아닌 물건 취급을 당했던 거야.

농장에서 노예들은 어떻게 일했을까? 엄청나게 뜨거운 열대의 태양 아래서 오랜시간 일을 해야 한다는 건 보통 힘겨운 일이 아니었어. 노예들은 설탕을 만들기 위해 아주 커다란 솥을 저어 가면서 밤낮없이 일을 해야 했어. 솥에서 거품이나 이물질을 걷어 내면서 수액이 말갛게 될 때까지 잠시도 앉지 못한 채, 일해야 했지.
어떤 사람들은 솥에 불을 계속 때느라 몸이 타 들어가는 듯한 고통을 느껴야 했어.

영국은 삼각무역으로 얻은 자금을 바탕으로 영국 서부에 철도를 놓고 공장을 세웠어. 증기 기관의 발명도 이 돈으로 가능했지. 증기 기관이 기계에 쓰이면서 공장은 더 많은 물건을 더 빨리 생산하게 되었어. 이런 변화를 '산업화'라고 해.

그런데 그 뒤 영국은 노예 폐지에 찬성했어. 사람을 노예로 부려서는 안 된다는 여론이 커졌고, 한편 공장에서 만든 물건을 팔 더 큰 시장이 필요했기 때문이지.

전 세계에서 노예 해방 선언이 일어났어.
19세기 중반 이후 대부분의 지역에서는 노예들이 사라졌어. 이제 노예 대신 일할 다른 사람,
즉 노동자가 필요하게 되었지. 이때 사탕수수밭에서 일하게 된 노동자들은 대개 인도인, 중국인,
인도네시아인, 일본인 등 아시아인들이었어. 한국인도 하와이 사탕수수밭에서 일하기 위해
1902년 최초로 이민을 갔어. 한국인 이민자들은 약 서른 개의 사탕수수밭 농장에서 일하게 되었어.
월급은 아주 적었지만 하루 열두 시간 이상 고된 노동을 해야 했지.
채찍질까지 당해 가며 일했던 당시 한국인들은 '아리랑'을 부르며 슬픔을 달랬단다.

우리나라 사람들은 언제 설탕을 알았을까?

조선시대 이전부터 중국과 일본에서 만든 설탕이 아주 조금씩 들어왔지.

무척 귀하다 보니 왕실 사람들이 약으로 쓰는 정도였지.

19세기에 살았던 이규경이라는 학자는 중국의 자료를 보고 설탕을 어떻게 만드는지 소개했어.

"그 맛은 점입가경(알면 알수록 맛이 좋다는 뜻으로)"이라고 썼지.

우리나라 사람들은 꿀과 조청으로 단맛을 즐겼어. 한약과 함께 먹거나 차에 타 먹던 꿀도 매우 귀한 편이어서 '성스러운 약'이라고까지 불렸지. 가장 널리 먹은 건 조청이었어. 곡식을 푹 쪄서, 보리를 싹틔운 엿기름과 섞은 뒤 하루 정도 기다려 걸러 내면 맑은 국물이 나오지. 이 국물을 오랫동안 저으면서 달이면 조청이 되는 거야. 꿀보다 짙은 갈색이고 숟가락으로 푸면 마치 엿가락처럼 늘어져. 이걸로 약과도 만들고 떡도 찍어 먹었어.

사람들이 하와이로 이민을 갔을 무렵 한국에도 설탕이 등장하기 시작했어. 1920년 평양에 사탕무를 원료로 하는 제당공장이 처음 만들어졌지. 하지만 생산을 거의 하지 못해서 일본에서 수입해 먹었어. 1950~60년대에는 물자가 부족하고, 무척 가난했어. 당시 구경조차 힘든 소고기보다 설탕이 더 비쌌어. 그러니 사치품에 가까웠지.

손님이 집에 방문했을 때 커다란 그릇에 설탕물을 내놓으면 아주 극진한 대접을 한 것이었어.

설탕은 이제 모든 음식에 거의 들어가는 감미료가 되었어.
초콜릿이나 사탕같이 달콤한 간식 이외에도
흔히 마시는 음료수, 과자, 빵, 토마토케첩, 불고기, 찌개, 반찬 등에도
설탕이 들어가 있어.

한 사람이 한 해에 먹는 설탕의 양은 26kg.

하루에 먹는 양을 계산해 보면 71.2g 정도가 돼.

하루에 각설탕을 약 21개 먹는 셈이지. 놀라운 양이지?

설탕을 먹으면 기분이 좋아지지. 적당히 넣으면 음식 맛도 좋아지고. 하지만 과하게 먹으면 건강을 해칠 수 있어. 비만과 충치, 당뇨병과 같은 병에 걸리기 쉬워. 특히 당뇨와 비만은 현대인 병이라고도 하는데 고치기도 어렵고 또 다른 병을 일으키기도 하는 무서운 병이야.

인도를 시작으로 이슬람 국가를 지나 유럽 전역을 거쳐 아메리카 대륙,
다시 아시아, 하와이, 한국까지 설탕 따라 세계를 한 바퀴 빙 돌았구나.
길고도 먼 여행이었지?
설탕 하면 떠오르는 하얀색 가루에는 참 슬픈 사연이 있었어.
그것만이 단맛이라고 생각했다면 자연 그대로의 다양한 단맛을 알아가 보는 것은
어떨까? 어쩌면 그것이 앞으로 써 나갈 단맛의 새로운 역사가 될지도 모르겠어.

책을 쓸 때 도움을 준 고마운 책과 논문

가와기타 미노루, 장미화 옮김, 『설탕의 세계사』 좋은책만들기, 2003

맛시모 몬타나리, 주경철 옮김, 『유럽의 음식문화』 새물결, 2001

시드니 민츠, 김문호 옮김, 『설탕과 권력』 지호, 1998

에두아르노 갈레아노, 박광순 옮김, 『수탈된 대지』 범우사, 2009

주영하, 『차폰 잔폰 짬뽕』 사계절, 2009

케네스 포메란츠 외, 박광식 옮김, 『설탕, 커피 그리고 폭력』 심산, 2003

주영하, 「유혹의 단맛, 권력의 단맛 : 꿀에서부터 설탕까지」 한국 18세기학회 2012 가을 학술발표회